머리 좋아지는 놀이 100

사고력, 미로 탈출

G 기탄출판

아빠와 함께 즐겁게 등산을 해요. 꼬불꼬불 산길을 지나
꼭대기에 있는 깃발까지 가는 길을 표시해 보세요.

아기 돼지가 막대 사탕을 먹으러 가요. 달콤달콤 사탕
미로를 통과할 수 있도록 길을 표시해 보세요.

3

물고기들이 만든 길을 지나 문어 도둑을 잡으러 가요.
해마 경찰관이 문어를 잡을 수 있도록 길을 표시해 보세요.

난이도

4 생쥐가 낮잠 자는 고양이 목에 방울을 달러 가요. 살금살금
고양이 꼬리에서 목까지 올라가는 길을 표시해 보세요.

5

비행기가 뭉게뭉게 커다란 구름을 뚫고 지나갔어요.
구름 속에 비행기가 지나간 길을 표시해 보세요.

6 ㄱ

새 집으로 이사하는 날이에요. 이삿짐을 실은 트럭이 집을
잘 찾아가도록 집까지 가는 길을 표시해 보세요.

짤깍짤깍 게가 친구를 만나러 가요. 모래사장을 옆으로
옆으로 걸어서 친구 게에게 가는 길을 표시해 보세요.

8

아기 동물들이 엄마를 찾고 있어요. 발자국을 따라가서
엄마 오리는 어디에 있는지 찾아 ○ 해 보세요.

난이도

깊은 숲 속에서 길을 잃었어요. 무서운 숲을 지나서
자동차가 있는 곳까지 가는 길을 표시해 보세요.

10 동물 친구들이 강가에서 낚시를 하고 있어요. 낚싯줄을
따라가서 누가 물고기를 잡았는지 찾아 ○ 해 보세요.

11 ㄱ

배고픈 두더지들이 땅속에 있는 먹이를 찾아가요. 두더지
굴을 따라가서 세 번째 두더지의 먹이를 찾아 ○ 해 보세요.

무당벌레가 커다란 막대 사탕을 맛있게 먹으면서
지나갔어요. 무당벌레가 지나간 길을 표시해 보세요.

12

숲 속에 과자로 만든 집이 있어요. 친구들이 지붕 끝에 있는 막대 사탕을 먹을 수 있도록 길을 표시해 보세요.

난이도

14

꽃밭에 물을 주려고 하는데 어떤 호스에서 물이 나올까요?
수도꼭지에 연결된 호스를 찾아 ○ 해 보세요.

 **15**

고양이 한 마리가 할머니의 털실 뭉치를 풀어 놓았어요.
할머니의 털실을 따라가서 어떤 고양이인지 찾아 ○ 해 보세요.

16 ㄱ 동물원 우리에서 원숭이가 도망쳤어요. 사육사 아저씨가
원숭이를 잡을 수 있도록 길을 표시해 보세요.

아기 고양이가 엄마를 찾고 있어요. 원숭이들이 놓아 준
다리를 따라 엄마에게 내려갈 수 있도록 길을 표시해 보세요.

17

18

탐스러운 사과 속을 누군가 야금야금 파먹었어요.
꼬불꼬불 길을 따라가서 누가 먹었는지 알아보세요.

배고픈 토끼들이 당근을 먹을 시간이에요. 울타리를
나와서 당근 밭에 갈 수 있는 토끼를 모두 찾아 ○ 해 보세요.

 **20**

탐험가가 피라미드 꼭대기에 올라갔어요. 노란색 벽돌만
밟으면서 아래로 내려올 수 있도록 길을 표시해 보세요.

21 ㄱ

맛있는 채소 샐러드를 만들 거예요. 채소가 놓인 길만
따라가서 아삭아삭 채소 샐러드를 완성해 보세요.

산책 나온 강아지들의 줄이 모두 엉켜 버렸어요.
줄을 따라가서 친구의 강아지를 찾아 ○ 해 보세요.

별이는 분홍색을 제일 좋아해요. 바구니에 분홍색 물건만
모아서 집으로 갈 수 있도록 길을 표시해 보세요.

'위험' 표시가 붙어 있는 선을 자르면 폭탄이 터지지 않아요. 잘라야 할 선의 번호를 찾아 ○ 해 보세요.

03:00

1 2 3

위험

25

건물에 큰 불이 났어요. 소방차가 빨리 도착해서 불을
끌 수 있도록 건물까지 가는 길을 표시해 보세요.

26 ㄱ

상자에 무엇을 담을까요? 각각의 상자에 연결된 리본을
상자와 똑같은 색깔로 칠하며 따라가서, 선물을 알아보세요.

난이도

27 나팔꽃이 담장을 타고 쑥쑥 자라요. 꼬불꼬불 줄기를 따라가서 파란색 나팔꽃이 심긴 화분을 찾아 ○ 해 보세요.

28

오즈의 마법사를 찾아가요. 허수아비, 양철 나무꾼, 겁쟁이
사자를 차례로 만나 함께 갈 수 있도록 길을 표시해 보세요.

29

이상한 미로 공원에서 길을 잃었어요. 꼬불꼬불 어지러운
수풀을 빠져나갈 수 있도록 길을 표시해 보세요.

출발

도착

옷에 단추 하나가 떨어졌어요. 바늘에 연결된 실을
따라가서 어떤 단추를 달아야 할지 찾아 ○ 해 보세요.

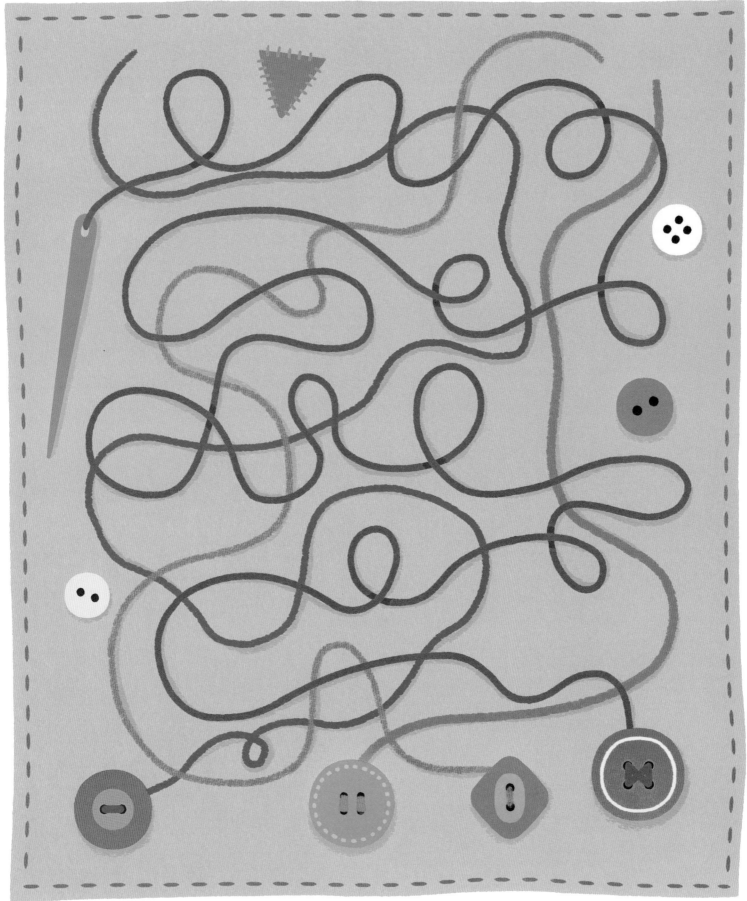

배를 타고 펭귄을 만나러 가요. 1부터 10까지 순서대로
따라서 펭귄에게 갈 수 있도록 길을 표시해 보세요.

엄마 오리가 애타게 아기를 찾고 있어요. 엄마 오리가
아기 오리와 빨리 만날 수 있도록 길을 표시해 보세요.

33

맛있는 버섯에는 동그라미 무늬가 세 개씩 있어요. 맛있는
버섯만 따라서 집으로 갈 수 있도록 길을 표시해 보세요.

알록달록 꽃들을 따라가면 선물이 기다리고 있어요. 노란
꽃을 따라가면 어떤 선물이 나오는지 찾아 ○ 해 보세요.

아빠와 아들이 똑같은 무늬의 티셔츠를 입고 있어요. 길을 따라가서 아들을 만날 수 있는 아빠를 찾아 ○ 해 보세요.

36 ㄱ 방긋방긋 웃는 얼굴이 좋아요. 예쁘게 웃고 있는 얼굴만
모두 한 번씩 지나서 미로를 통과해 보세요.

출발

도착

비 오는 날, 물웅덩이를 첨벙첨벙 밟으며 걸어가요.
10부터 1까지 숫자를 거꾸로 따라가며 길을 표시해 보세요.

38

횡단보도를 건너서 학교에 가요. 초록 불이 켜진 곳으로만
길을 건너서 학교까지 가는 길을 표시해 보세요.

난이도

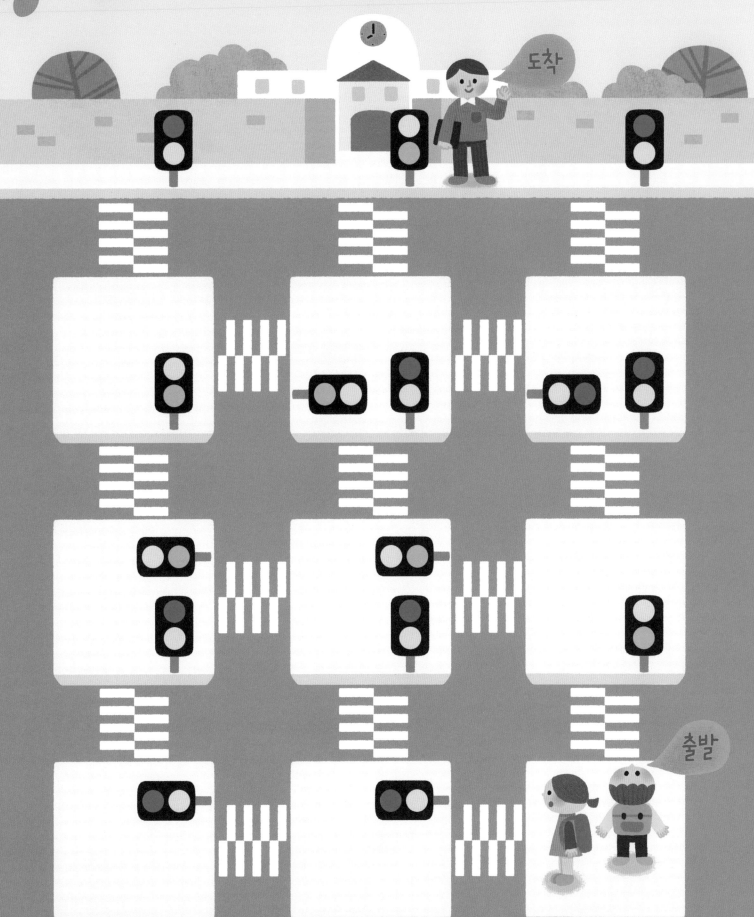

집 앞에 수풀이 미로처럼 무성하게 자라났어요.
수풀을 지나서 집으로 가는 길을 표시해 보세요.

40

빨래 요정이 숨어 있는 세균들을 잡으러 가요. 보글보글
거품을 지나 빨래 밑에 도착할 수 있도록 길을 표시해 보세요.

하수구에 동전을 빠뜨렸어요. 파이프를 따라가서 친구가
빠뜨린 동전은 어디로 떨어지는지 찾아 ○ 해 보세요.

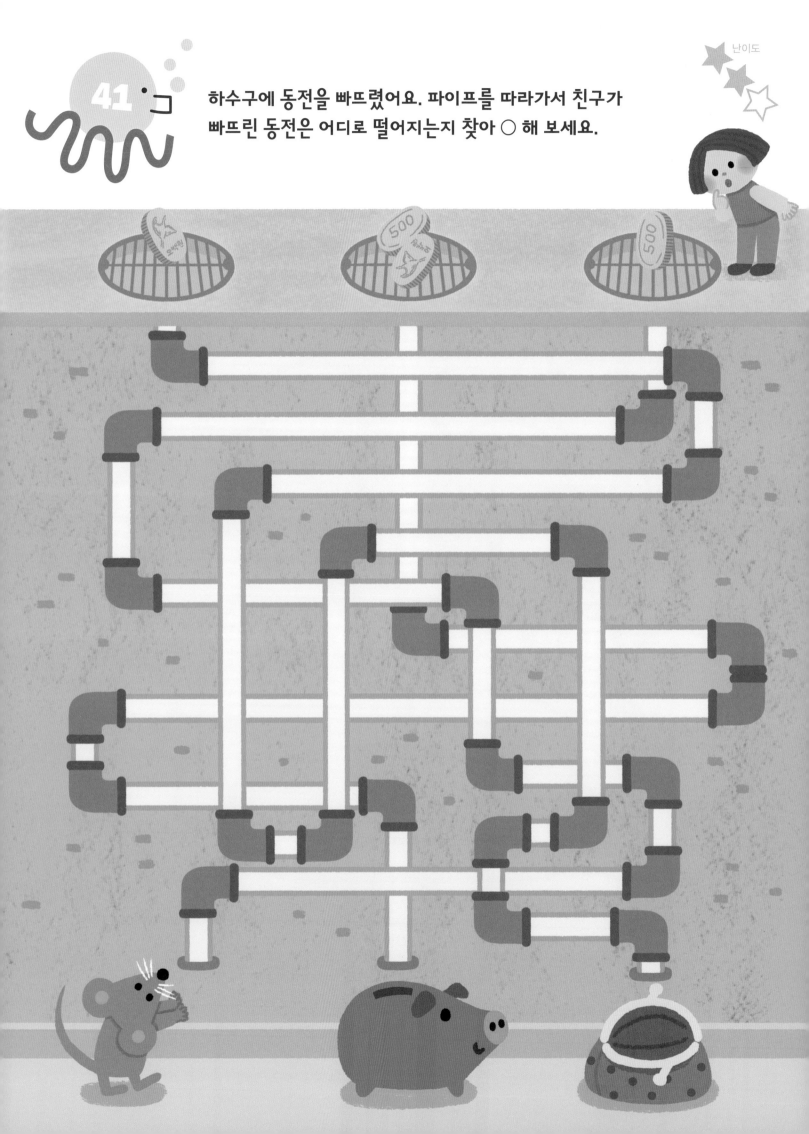

꼬불꼬불 머릿속에서 여러 가지 생각을 하고 있어요.
복잡한 머릿속을 통과하는 길을 표시해 보세요.

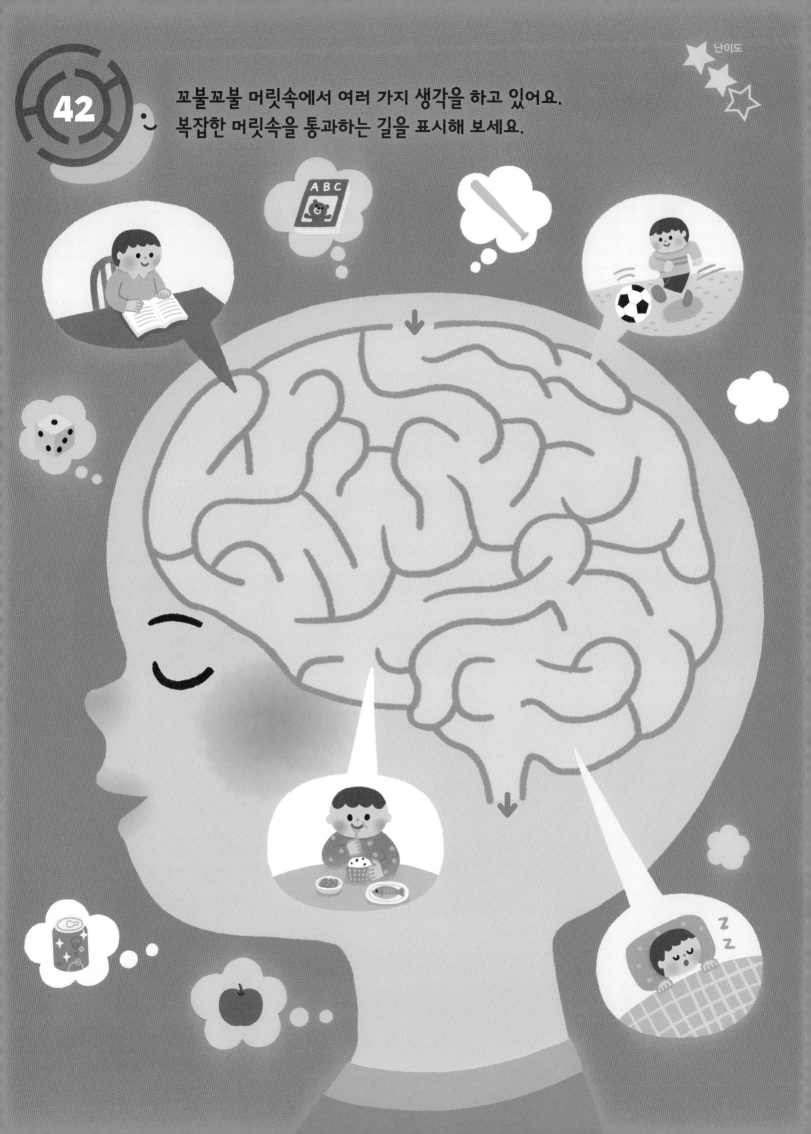

엄마와 송이는 분수대에서 만나기로 했어요. 엄마와
송이가 각각 분수대에 도착할 수 있도록 길을 표시해 보세요.

난이도

44

무시무시한 유령의 집에서 빨리 나가고 싶어요. 안내도를 잘 보고, 빠져나가는 길을 똑같이 표시해 보세요.

45 천연기념물인 장수하늘소를 만나요. <보기>와 같은 순서로
곤충들을 따라가서, 장수하늘소까지 가는 길을 표시해 보세요.

46

배고픈 애벌레가 나뭇잎을 먹으러 가요. 나무 기둥을
따라서 나뭇잎까지 올라가는 길을 표시해 보세요.

 **47**

용감한 장난감 병정이 공주님을 구하러 가요. 무서운 괴물들을 피해 공주님에게 가는 길을 표시해 보세요.

얼룩말의 무늬는 어지러운 미로 같아요. 돋보기 속의
무늬를 아래에서 위로 통과하는 길을 표시해 보세요.

49

킁킁, 어딘가에서 닭고기 냄새가 나요. 빈 방을 요리조리
지나서 닭고기를 먹을 수 있도록 길을 표시해 보세요.

난이도

50

거북이, 토끼, 달팽이가 달리기 시합을 해요. 달팽이가
일등으로 도착하도록 거북이와 토끼 미로를 통과해 보세요.

51 ㄱ

할머니 댁에 딸기를 가져다 드려요. 바구니에 적힌 수에서
2씩 큰 수를 따라서 할머니 댁에 가는 길을 표시해 보세요.

제비가 불쌍한 사람을 도우러 가요. 바구니에 적힌 수에서
2씩 큰 수를 따라서 천사에게 가는 길을 표시해 보세요.

배고픈 강아지들이 먹이를 찾아가요. 미로를 통과해서
먹이를 먹을 수 있는 강아지를 찾아 ○ 해 보세요.

난이도

영차 영차, 험한 산을 올라가요. 계단과 밧줄을 이용해서
깃발까지 올라갈 수 있도록 길을 표시해 보세요.

도착

출발

동물들이 어느 쪽을 바라보고 있을까요? 눈동자가
가리키는 방향을 따라가서 미로를 통과해 보세요.

애벌레가 나뭇잎을 많이 따서 친구와 나눠 먹으려고 해요.
친구가 기다리는 땅속 집으로 가는 길을 표시해 보세요.

난이도

57

우주 비행사가 고장 난 인공위성을 고치려고 해요.
달을 통과해서 인공위성까지 가는 길을 표시해 보세요.

난이도

보물을 찾아서 머나먼 보물섬으로 가요. 무서운 동물들과
해적선을 피해서 보물섬으로 가는 길을 표시해 보세요.

난이도

도착

출발

59

울타리가 여기저기 망가졌어요. 양들을 잃어버리지
않으려면 어디를 고쳐야 할지 찾아 점선을 색칠해 보세요.

뭉게뭉게 구름 사이로 비행기가 날아가요. 구름이 만들어
놓은 길을 비행기가 빠져나갈 수 있도록 길을 표시해 보세요.

귀여운 동물들이 와글와글 모여 있어요. 동물들 중 날개가
있는 것만 따라서 위에서 아래로 미로를 통과해 보세요.

애벌레 세 마리가 포도 많이 먹기 시합을 해요. 포도알을
가장 많이 먹고 도착 지점에 온 애벌레를 찾아 ○ 해 보세요.

도착

63

빨간 차는 출발이 늦었어요. 파란 차보다 결승점에 빨리
도착하도록 갈림길에서 더 큰 수를 따라가 보세요.

64

가위바위보 놀이를 해요. 친구들의 손 모양과 상대편의
손 모양을 각각 확인하고, 이긴 쪽에 모두 ○ 해 보세요.

65

장갑 한 짝을 잃어버렸어요. 손가락이 가리키는 방향을
따라가서 잃어버린 장갑을 찾아 ○ 해 보세요.

출발

음식은 우리 몸을 어떻게 지나갈까요? 왼쪽 친구의 모습을
잘 보고, 오른쪽 친구의 몸에 똑같이 표시해 보세요.

67

조그만 벌레가 쌀통 속에 갇혀 있어요. 벌레가 밖으로
나갈 수 있도록 쌀알 미로를 통과하는 길을 표시해 보세요.

68

장애물을 통과해서 트로피까지 가는 경기예요. 친구보다
빨리 도착하도록 갈림길에서 더 작은 수를 따라가 보세요.

난이도

출발

도착

목이 긴 브라키오사우루스는 미끄럼틀 같아요. 공룡의 몸을 입에서 꼬리로 통과하는 길을 표시해 보세요.

69

아기 다람쥐가 아래로 내려가요. 초록색 나뭇잎이 달린
튼튼한 나뭇가지만 따라서 엄마에게 가는 길을 표시해 보세요.

난이도

71

오늘은 야구 경기를 하는 날이에요. 꼬불꼬불한 갈림길 중
하나를 따라가서 야구하는 곳에 도착해 보세요.

알록달록 예쁜 나뭇잎들이 있어요. <보기>와 같은 순서로
나뭇잎을 따라가서 위에서 아래로 미로를 통과해 보세요.

난이도

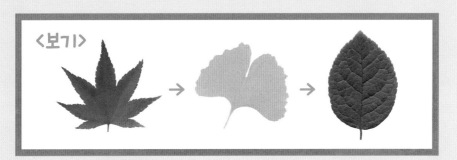

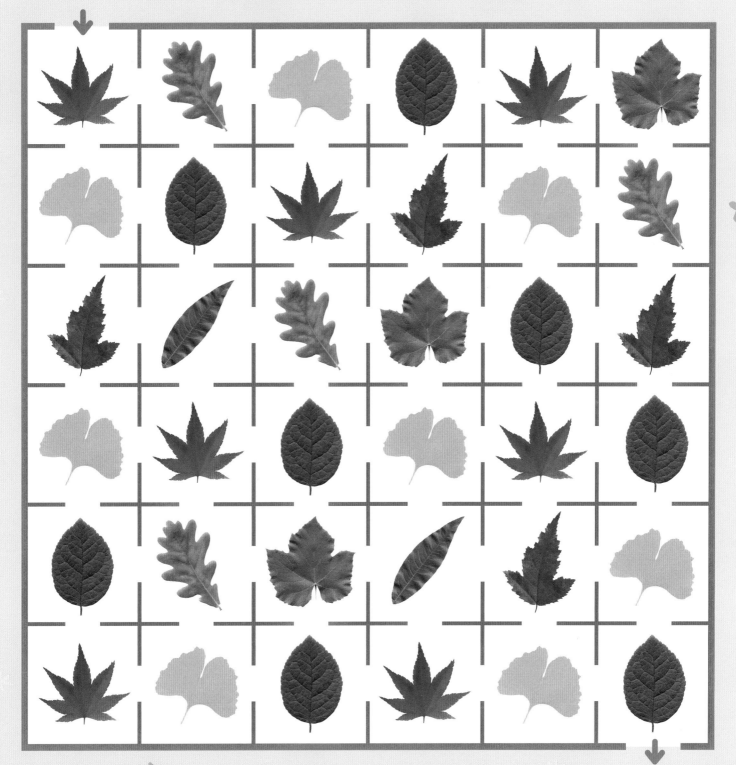

동물들에게 모자가 필요해요. 사다리를 타고 각 동물들의
모자를 찾아 원숭이의 모자에 ○, 기린의 모자에 △ 해 보세요.

박사님의 로봇이 망가졌어요. 같은 곳을 두 번 지나가지 않고
모든 부품을 모아 로봇을 고칠 수 있도록 길을 표시해 보세요.

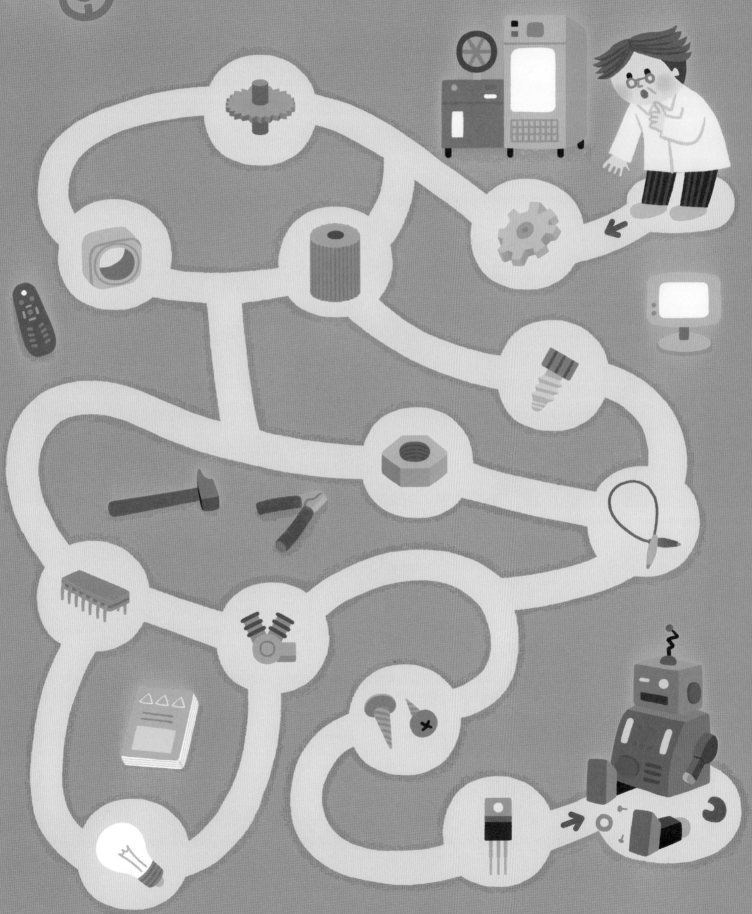

75

거북이가 바다를 향해 엉금엉금 부지런히 가요. <보기>의
규칙을 따라 움직여서 바다로 가는 길을 표시해 보세요.

<보기>

→ 오른쪽　　　← 왼쪽　　　↑ 위　　　↓ 아래

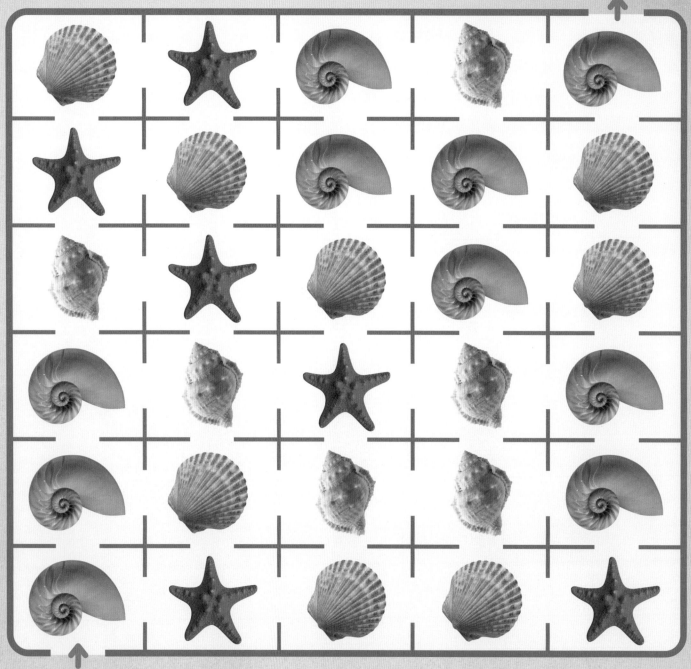

대왕 거미가 쳐 놓은 거미줄에 공주님이 갇혔어요.
왕자님이 공주님을 구할 수 있도록 가는 길을 표시해 보세요.

77

아기 돌고래가 엄마를 만나러 가요. 구불구불 물결을
따라서 엄마 돌고래에게 가는 길을 표시해 보세요.

숲 속에서 오래된 보물 지도를 주웠어요. 숨겨진 보물을
찾을 수 있도록 지도와 똑같이 길을 표시해 보세요.

79

돼지에게 먹이를 주어요. 같은 곳을 두 번 지나가지 않고
1부터 7까지 차례대로 먹이를 주도록 길을 표시해 보세요.

구름 속에서 작은 물방울들이 모여 비가 되어 떨어져요.
물방울이 구름 위에서 아래로 내려오는 길을 표시해 보세요.

우리 가족의 물건들이 뒤죽박죽 섞여 있어요. 물건들 중
아기 물건만 따라서 위에서 아래로 미로를 통과해 보세요.

엄마와 함께 장을 보아요. 같은 곳을 두 번 지나가지 않고
<보기>의 순서대로 사서 집에 가는 길을 표시해 보세요.

<보기>
오이 → 달걀 → 토마토 → 당근 → 파 → 두부 → 생선

친구가 무서운 해적에게 잡혀 있어요. 친구가 해적선
위에서 아래로 내려올 수 있도록 길을 표시해 보세요.

동물들이 편지를 부치러 가요. 우체국까지 가는 길을 각각
알아보고, 가장 빨리 도착하는 동물을 찾아 ○ 해 보세요.

우체국

85

지하철을 타고 친구네 집을 찾아가요. 엄마가 그려 주신
노선표를 잘 보고, 가는 길을 똑같이 표시해 보세요.

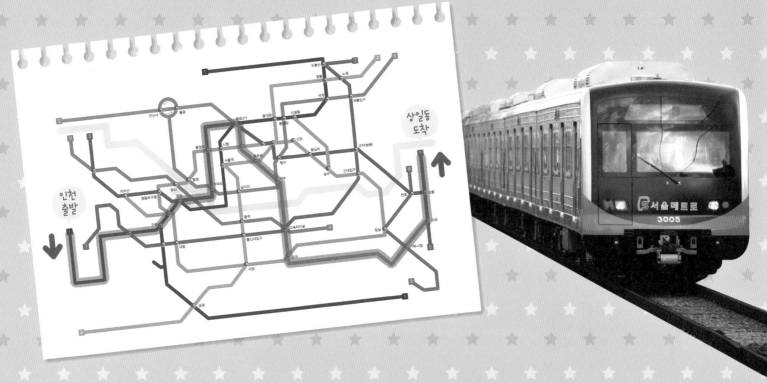

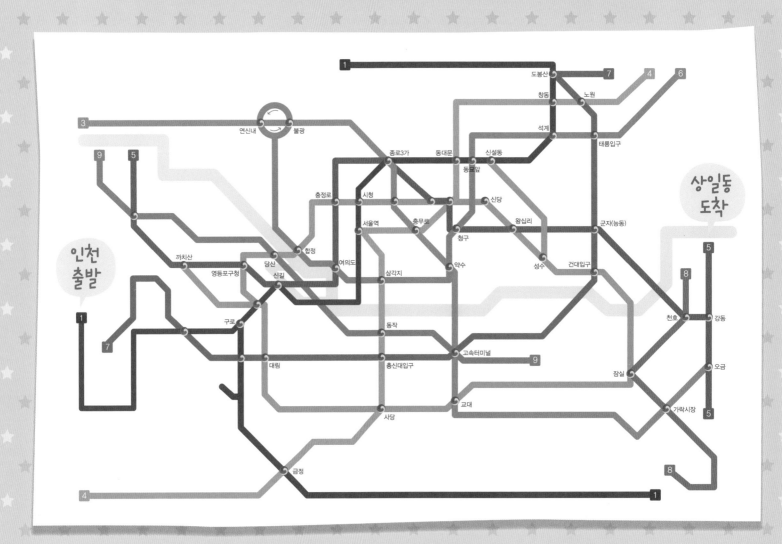

무인도로 탐험을 떠나요. <보기>의 규칙을 따라 움직여서
바다를 건너 무인도까지 가는 길을 표시해 보세요.

<보기>

아래   위   오른쪽   왼쪽

생쥐가 고양이에게 쫓기고 있어요. 생쥐를 지키려면
어디에 장애물을 놓아야 할지 찾아 점선을 색칠해 보세요.

87

88

가여운 물고기가 그물에 갇혔어요. 물고기가 그물에 난 구멍으로 빠져나올 수 있도록 길을 표시해 보세요.

두 왕자님이 각각 빨강, 노랑, 파랑 순서대로 뛰어가요.
공주님에게 먼저 도착하는 왕자님을 찾아 ○ 해 보세요.

90

뜨거운 사막에서 물이 다 떨어졌어요. 친구들이 물을
마실 수 있도록 오아시스로 가는 길을 표시해 보세요.

91 엄마가 깨끗하게 청소를 해요. 같은 곳을 두 번 지나가지 않고 먼지를 모두 없앨 수 있도록 길을 표시해 보세요.

바다 깊은 곳의 보물 상자를 찾아요. 사다리를 타고 진짜
보물 상자에 도착할 사람은 누구인지 찾아 ○ 해 보세요.

93

 난이도

달콤한 과자를 많이 구웠어요. <보기>와 같은 순서로
과자를 따라가서 위에서 아래로 미로를 통과해 보세요.

<보기>

94

둥실둥실 요트에 커다란 돛이 달려 있어요. 돛의
꼭대기에서 아래로 내려오는 길을 표시해 보세요.

연필을 떼지 않고 한 번에 별을 그려요. 위의 별을 잘
보고, 빨주노초파남보 순서대로 아래에 똑같이 그려 보세요.

애벌레가 아파트 꼭대기로 올라가는 동안 나비가 되어
날아갔어요. 애벌레가 꿈틀꿈틀 지나간 길을 표시해 보세요.

동물원에 소풍을 왔어요. 기린부터 시작해서 사자까지
모든 동물들을 한 번씩 볼 수 있도록 길을 표시해 보세요.

입구

98 .

예쁜 물고기를 잡아요. 같은 곳을 두 번 지나가지 않고
1부터 8까지 순서대로 물고기를 잡도록 길을 표시해 보세요.

황금 알을 낳는 거위를 찾아가요. 황금 알을 모두 한 번씩
지나서 거위를 찾을 수 있도록 길을 표시해 보세요.

난이도

연필을 떼지 않고 한 번에 로켓을 그려요. 위의 로켓을
잘 보고, 빨주노초파남보 순서대로 아래에 똑같이 그려 보세요.

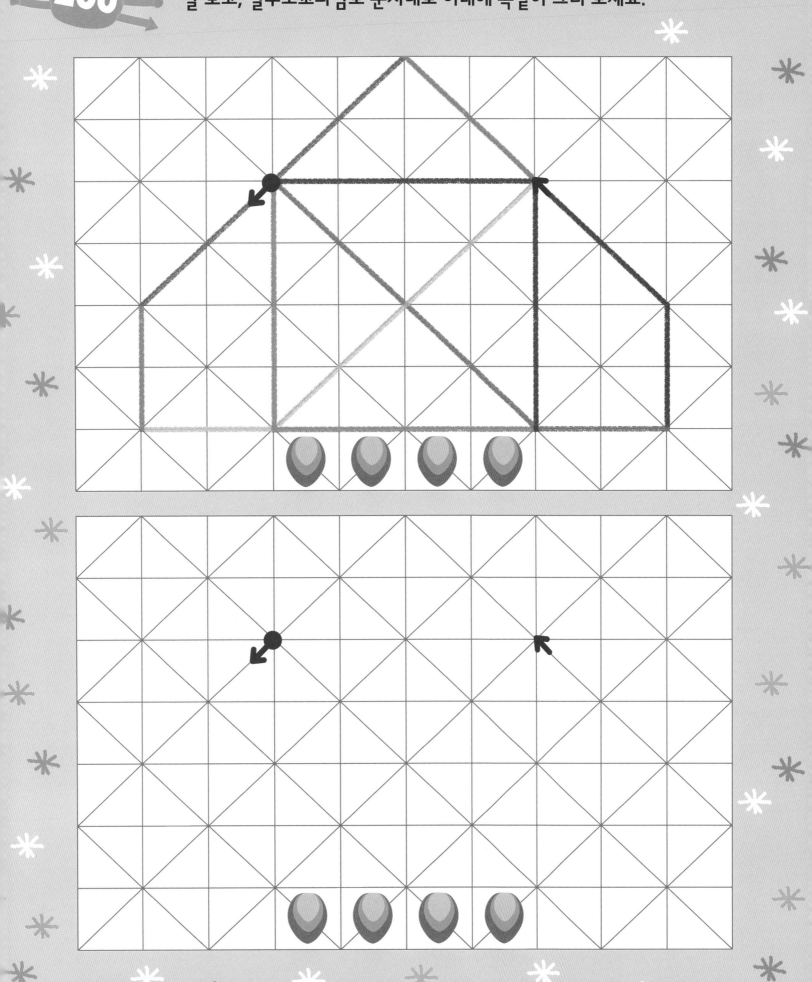

1~2

3~4

5~6

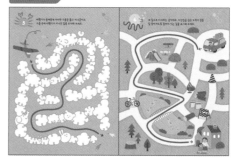

7~8

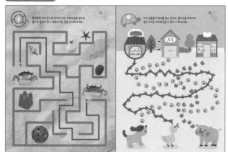

9~10

11~12

13~14

15~16

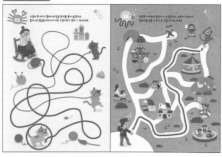

17~18

19~20

21~22

23~24

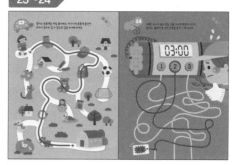

25~26

27~28

29~30

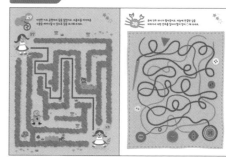

31~32

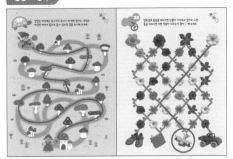

33~34

35~36

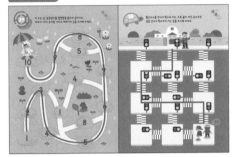

37~38

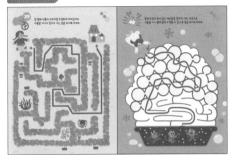

39~40

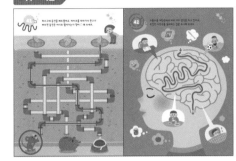

41~42

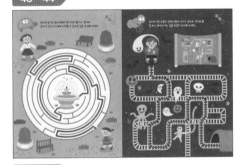

43~44

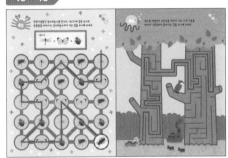

45~46

47~48

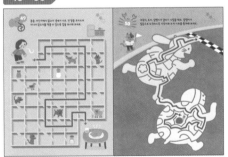

49~50

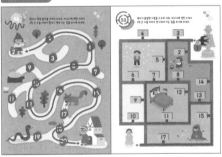

51~52

53~54

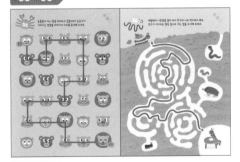

55~56

57~58

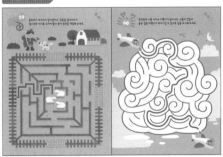

59~60

61~62

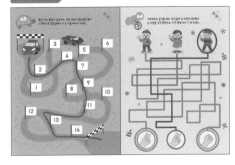

63~64

65~66

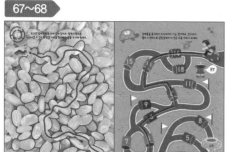
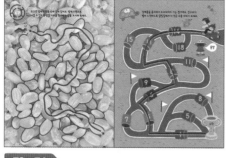

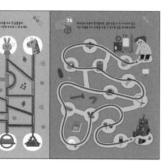

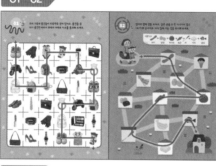

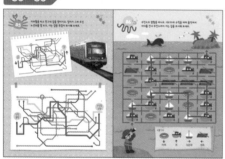

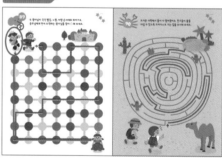

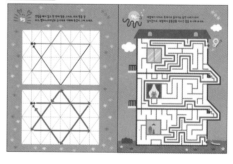
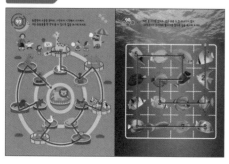

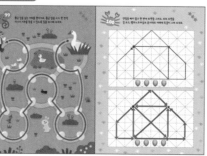